SEM PALAVRAS

SEM PALAVRAS

Marcio Abreu

Sumário

O mundo dos *Sem palavras*,
por Helena Vieira   7

SEM PALAVRAS   11

O mundo dos *Sem palavras*

Silêncio, por favor.
    Os textos que se seguem só podem ser lidos de duas maneiras, creio: em silêncio, numa leitura ativa e perspicazmente silenciosa ou então com o corpo: os pés pulando, a boca latindo, a mão espiralando, os braços se abrindo, o suor descendo, o corpo andando, os músculos dançando. Isso porque, é bom que estejam avisados, os textos desta obra são liturgias magísticas (o que te permite ler em sussurros, experimente isso), palavras de um ritual para invocar os seres que vivem entre as palavras e o mundo: cães, ratos, faróis, sangues, espirais. É também a liturgia de um exorcismo, o da classe média.
    Perceberão, desse modo, que entre a palavra escrita e toda sua reverberação significante existe um espaço, uma lacuna, um instante silenciosamente prolongado. É nesse intervalo mudo, nesse não texto que vivem as palavras não nascidas, não suadas, não ditas, mal ditas, não pensadas, inumanas, mais-que-humanas, outras-que-não-humanas, um latido surdo, um coração, o tempo, a roda de um skate no chão da sala. Esse espaço, que é todo um mundo outro, toda uma outra dimensão, revela-se aqui com um nome — *Sem palavras*.

Sem palavras é o lamento de um mundo em ruínas. O fado do presente. A ladainha da choradeira no velório do fim dos tempos. São as palavras que se rebelaram contra seus usos vazios, contra toda significação mentirosa dos modernos, sejam eles Molière, Marx ou Freud. É um manifesto cansado, mas muito agitado. Cada texto, cada linha, cada voz que vocês encontrarão aqui é repleta da esbórnia salvadora daqueles que, cansados da exploração, do apagamento, decidem apenas parar ou parar e dançar, ou parar, dançar e beber.

O espetáculo que corporifica os textos desta obra nasceu em meio à maior crise de saúde global já enfrentada pela humanidade — essa ilusória coletividade daninha. Estávamos todos isolados, cansados, convivendo com perdas inomináveis, com dores que jamais enlutaremos. Não havia nada a ser dito, faltava em todo canto corpo, porque até o abraço era proibido. O *Sem palavras* trouxe corpo. Trouxe corpo-livro. Um livro em realidade virtual produzido no calor da teatralidade.

Não me alongo em um palavrório desnecessário. Leiam. Há um tempo por vir. E esse tempo brotará dos de baixo, sem palavras, com corpo, movimento e música. Ouçam os textos que se seguem porque eles são os ecos desse por-vir. Ecos que ressoam nas ruínas que nós habitamos. Vozes travestis, negras, gordas, viadas. Vozes dos que a queda do edifício da modernidade libertou.

Por fim, esta obra é um manifesto, disso tenho certeza.

Caro leitor, se um dia nos encontrarmos por aí, quero, por favor, que você me conte como foi sua leitura. Pode ser?

Helena Vieira
escritora, professora e transfeminista

SEM PALAVRAS

de Marcio Abreu

O espetáculo *Sem palavras* estreou no teatro Bernard-Marie Koltès, no Passages Transfestival, na cidade de Metz, França, em 10 de setembro de 2021. Entre junho e agosto de 2021, uma série de ações online e presenciais foram realizadas em parceria com o Sesc São Paulo e o Centro Cultural Oi Futuro.

Texto e Direção
Marcio Abreu

Dramaturgia
Marcio Abreu e Nadja Naira

Elenco
Fábio Osório Monteiro, Giovana Soar, Kauê Persona, Kenia Dias, Key Sawao, Rafael Bacelar, Viní Ventania Xtravaganza e Vitória Jovem Xtravaganza

Direção de produção e Administração
José Maria e Cássia Damasceno

Iluminação e Assistência de direção
Nadja Naira

Direção musical e Trilha sonora original
Felipe Storino

Direção de movimento
Kenia Dias

Cenografia
Marcelo Alvarenga | Play Arquitetura

Figurinos
Luiz Cláudio Silva | Apartamento 03

Colaboração artística
Aristeu Araújo, Cássia Damasceno, Grace Passô, Helena Vieira, José Maria e Rodrigo Bolzan

Coprodução RJ
Miriam Juvino e Valéria Luna

Assistência de produção RJ
Ananias de Caldas

Técnico de luz e transmissão
Ricardo Barbosa

Técnico de som
Chico Santarosa

Técnico de palco RJ
Iuri Wander e Vitor Manuel

Fotos
Nana Moraes

Programação visual
Pablito Kucarz

Vídeos | Instalação *Antes de tudo*
Batman Zavareze

Captação e edição dos vídeos | Instalação *Antes de tudo*
João Oliveira

Captação de imagens do espetáculo
Clara Cavour

Teaser | Criação e edição
Aristeu Araújo

Documentário *Travessias* | Fotografia
Clara Cavour

Documentário *Travessias* | Direção
Clara Cavour e Marcio Abreu

Intérpretes | Libras
Jhonatas Narciso dos Reis Bezerra, Lorraine Mayer Germano, Jadson Abraão da Silva e Laura Silva Mello de Alcantara

Audiodescrição | Roteiro e execução
Maria Thalita de Paula e Graciela Pozzobon da Costa

Assessoria jurídica e contábil RJ
COARTE | Lilian Santiago e Francisco Gomes

Assessoria de imprensa
Márcia Marques | Canal Aberto

Distribuição internacional
Carmen Mehnert | PLAN B – Creative Agency for Performing Arts

No ano de 2021, o projeto que deu origem ao espetáculo *Sem palavras* foi realizado por meio da Lei Estadual de Incentivo à Cultura, Oi, Secretaria de Cultura e Economia Criativa e Governo do Estado do Rio de Janeiro.

Coprodução com Künstlerhaus Mousonturm Frankfurt am Main/GE, Théâtre Dijon Bourgogne — Centre Dramatique National/FR, A Gente Se Fala Produções Artísticas — Rio de Janeiro/BR, Passages Transfestival Metz/FR.

Uma produção da companhia brasileira de teatro.

Esta peça foi escrita entre 2020 e 2021, tendo Nadja Naira como interlocutora e parceira na pesquisa dramatúrgica e a colaboração do coletivo de artistas que participou do processo de criação.

Uma cadela late.
Uma travesti move palavras.
Um homem conta regressivamente.
Um homem caminha para o trabalho.
Um bebê. Uma adolescente. Uma velha.
Uma mulher olha para fora e não vê nada.
Uma mulher tenta ficar de pé.
Um homem entre o sono e a vigília.
Uma travesti ama.
Uma mulher dança.
Um músico compõe.

Um livro

(Um espaço branco vazio. Um banco de madeira comprido ao fundo, como uma linha horizontal. Uma enorme matéria plástica branca cobre tudo.)

1. Epígrafe.

(Uma pessoa surge. Uma cadela. Saltos altos cor-de-rosa metálico. O rosa se instala.)

— Uma cadela late, indócil, como se estivesse excitada ou em perigo, como se estivesse diante de uma grade, prestes a ser aberta, e pudesse escapar, late como se estivesse diante de uma porta fechada, atrás da qual supõe estar sua dona ou amiga, viva ou morta, late olhando para o escuro, como se percebesse algo que só ela vê, e que é indizível.
Uma cadela late, incansavelmente, como se estivesse excitada ou em perigo. Vários cachorros latem, ferozmente, como se percebessem algo que só eles veem, e que é indizível.

(Late. Desaparece junto com a enorme matéria plástica. Transforma o espaço.)

2. Sonhos.

(Antes de tudo. Uma travesti surge. Move as palavras.)

— Nós viemos de um país em ruínas. Escapamos. Obstinação ou privilégio. Os dois. Ou sorte. Antes de tudo.
Antes de tudo.
É preciso que se diga.
Tem histórias que nunca foram contadas.

Aqui.
Um edifício.
Ou um livro.
Um corpo. Um livro.
Tem história escrita.
No corpo.
Edifício.
Livro.
Tem fala.
Movimento.
Fala.
Boca a boca.
Tem história.
Pensamento.
Ouvido que escuta.

Quais as palavras que eu disse?

Antes. Nós. Corpo. Movimento. Pensamento. Fala. História. Obstinação. Tudo. País. Ruínas. Livro. Edifício. Privilégio. Sorte. Nunca.

Tem histórias que nunca foram contadas.

Que nós viemos de um país em ruínas, por exemplo. É preciso que se diga. E há quem não acredite.

Escuta:

(Slam. Todas as pessoas entram. Suspensão. Estão em pé lado a lado. À frente. Olham o público. Reposicionam-se, movem-se no espaço branco. Simultaneidades. Fragmentos de vida.)

— Palavra-corpo. Corpo-memória. Corpo-livro. Voz-pensamento. Outro-livro. Anti-livro. Ante-livro. Livre do medo do livro, do peso-livro, do peso-morto, da coisa-morta. Coisa-coisa. Coisa-coisa. Coisa-carne. Vibra-carne. Vida-carne. Movimento-coisa. Coisa que coisa. A carne que carne. A vida que vida. Consciente-quente. Mente-ferve. Cabeça-corpo. Sabe-da-morte. Consciência-vida, sabida-morte.

(Som por entre os corpos e as falas. Imagens sonoras.)

(Um homem conta regressivamente.)
— 5, 4, 3, 2, 1

(Tiros de metralhadora. Cai. Latidos.)

(Um homem caminha para o trabalho.)
— Você está andando tranquilamente pela rua.
Você está na sua cidade e circula livremente.

(Ritmo. Caminha como quem dança. Latidos.)

(Uma mulher olha para fora e não vê nada.)
— Você está em casa e não tem nada pra fazer.
Você olha pra fora e não vê nada.

(Uma mulher tentar ficar de pé.)
— Eu tô aqui ó
Eu não sumi viu
Eu tô aqui ó
Eu tô aqui
Eu existo

(Um homem entre o sono e a vigília.)
— Acorda acorda acorda
Você ouve
Acorda
Bem longe
Como se viesse de outro lugar

Você ouve
E não consegue reagir
Acorda acorda acorda

(Como um filme ao contrário. Tudo volta ao ponto inicial.)
— Você não reage
Você ouve
Acorda acorda acorda

Você não reage
E não sabe o porquê
Não é a primeira vez que isso acontece
Você não sabe o porquê
Você

(Uma travesti move as palavras. Retoma a fala.)
— E, antes ainda, haverá uma espécie de prefácio. Alguém outro fará um prefácio. Que vem antes dessa introdução. Como se começássemos uma espécie de livro. Isso é um livro.
Um edifício.
Um corpo.
Uma história.
Alguém diz:

(Uma mulher dança. Grita!)
— Organizar a raiva para reinventar a vida!

(Som. Duas travestis dançam. Tudo treme. Intensidade. E tudo se dissipa. Espaço vazio. Silêncio.)

3. Um homem caminha para o trabalho.

(Uma mulher surge. Ela observa o espaço vazio. Silêncio. Desloca--se. Ela dança o espaço. Som. Um homem a caminho do trabalho surge.)

— Você está andando tranquilamente pela rua.
Você está na sua cidade e circula livremente.
Você pensa: eu circulo livremente.
Faz calor.
Você está a caminho do trabalho.
Esses são os dias em que você trabalha.
Há dias em que você não trabalha.
É assim: 36 horas sim, 36 horas não.
Você está a caminho do trabalho.
Sol na cara.
Faz calor na sua cidade.
Faz calor nesse sul do mundo do lado de cá do Atlântico onde você vive.
Você caminha, o mar ao longo do caminho.
Bate um vento fresco.

O ar circula, livremente.
Perto do mar!
Você vive numa cidade com mar.
Você pensa que não gostaria de viver numa cidade sem mar.
E você se diz: o mar é o mesmo pra todo mundo!
Eu me banho aqui e alguém se banha lá.
Do outro lado!
Esse mar banha meus pés e os pés dos meus ancestrais.
Do outro lado!
Um dia você quer atravessar esse mar.
Você nasceu na cidade onde você vive.
E onde viveram antes de você os seus pais.
Você não é infeliz por causa disso.
Você viaja pouco, mas não é infeliz.
Por causa disso.
Você nunca saiu do país.
Grana curta, quase não tem férias.
E você pensa: eu quero viajar mais!
Um dia você quer atravessar esse e outros mares.

Você atravessa a cidade a caminho do trabalho.
E você viaja seus pensamentos.
Seu corpo preto a caminho do trabalho: 36 horas sim, 36 horas não, grana curta, quase sem férias, calor, sol na cara, vento fresco, perto do mar.
Você atravessa a cidade e pensa em travessia.
E você pensa na palavra calunga.
Esse som — calunga — atravessa seu corpo.
O vento batendo a caminho do trabalho.
Um significado da palavra calunga.

Travessia do mar Atlântico pelo povo preto escravizado.
Amontoado no porão de um navio negreiro.
Mar Atlântico.
Travessia e cemitério.
Você para e se pergunta: o mar é o mesmo pra todo mundo?
E você se pergunta: o ar circula livremente?
E você se pergunta: eu circulo livremente?

Quando você chega no trabalho
Você entra no ambiente.
O cheiro característico.
O silêncio obrigatório.
Na entrada o quadro de uma moça loira anos 50 olhar sensual dedo indicador nos lábios indicando silêncio.
Shhhhh!
Você gosta do seu trabalho.
Mas detesta obedecer.
Isso te dá calafrios.
Obedecer.
Você não come carne porque detesta a obediência do gado em direção ao abate.
Às vezes você se sente como o gado.
Mas você respira e lembra que você ensina as pessoas a respirar: as que pararam por acidente e as que nem chegaram a aprender.
Você faz silêncio porque você cuida das pessoas.
Não porque uma loira anos 50 idiota dedo indicador te manda calar.
Esse é o seu trabalho.
Você fala baixo.
Você pensa baixo.

Muitas vezes você prefere não pensar.
Muitas vezes você prefere esquecer.
Você cuida.
Você ensina.
Você age.
Você começa a coreografia:
Higieniza as mãos, água e sabão, punhos até os cotovelos, entre os dedos, por baixo das unhas, repete a operação, seca as mãos com toalhas descartáveis, veste luvas cirúrgicas descartáveis, o jaleco branco, por cima dele a capa de isolamento verde ou azul tecido fino largo descartável, máscara cirúrgica descartável, o *face shield*, luvas descartáveis para os sapatos.
Quando você muda de ambiente.
Outro cheiro característico.
Barulho dos equipamentos, máquinas de respiração artificial, tubos, frequências cardíacas.
Muitos barulhos, que marcam tempos.
Muitas máquinas.
Toda vez que você muda de ambiente você lembra que ganha pouco.
Trabalha muito e ganha pouco.
O barulho das máquinas te faz lembrar isso.
Você não gosta muito das máquinas, mas às vezes se vê como uma delas.
Seu caminho de casa pro trabalho: 36 horas sim, 36 horas não, sem viagem, quase sem férias, grana curta, corpo cansado.
Mas você gosta do que faz.
O seu trabalho:
Ensinar a respirar.

Um corpo adulto que já respirava e desaprendeu por acidente.
Um corpo de bebê que ainda não aprendeu a respirar aqui, fora do útero.
"Em cada pessoa há dois que dançam: o direito e o esquerdo. Um dançarino o direito, o outro o esquerdo. Dois dançarinos de ar. Dois pulmões. O pulmão direito e o esquerdo. Em cada pessoa viva sobre a terra há dois que dançam — o pulmão direito e o esquerdo. Os pulmões dançam e você recebe o oxigênio. Se você pegar uma pá e bater no peito de uma pessoa na altura dos pulmões, as danças param. Os pulmões não dançam mais, o oxigênio não chega."
Você viu isso numa peça de teatro de um autor russo e uma companhia brasileira.
Você dança dentro de você.
Você esquece.
Você viaja seus pensamentos:

(Recomeça a coreografia.)

Você gosta de dançar.
Você gosta de beijar.
Você gosta de carnaval.
Na sua cidade tem carnaval.
No sul do mundo lado de cá do mar Atlântico de onde você vem.
As ruas cheias de gente e de brilho.
O som grave fazendo a rua tremer.
O corpo treme!
Você beija muito.
Você dança muito.

Você canta.
Você sua.
O suor escorre pelo corpo e se mistura aos outros suores: o mesmo mar pra todo mundo!
Você gosta de beber.
Você bebe.
Você delira.
Você dança, sua, beija e bebe o seu delírio misturado aos outros delírios de muitas cores.
Você entorpece seu corpo e sua mente com substâncias químicas!
Você viaja, decola, voa e se dilui no ar.
Você nunca saiu do seu país mas você viaja!
Você gosta disso.
Você gosta de você.
Você gosta das pessoas.
Você gosta da vida!

(Ele dança. Uma mulher dança. Dançam juntos. Param. Ele a segura no colo.)

Você respira.
E ensina a respirar.
Você repete essa operação várias vezes por dia.
Com crianças, com adultos.
Sem aparelhos, com aparelhos.
A cada nova pessoa você refaz a coreografia ao contrário.
Descarta tudo o que é descartável.
Recomeça tudo de novo.
Re-higieniza as mãos,

re-veste cada peça de roupa,
re-passa por cada etapa,
re-monta,
re-conta,
re-limpa,
re-lava,
re-nova,
re-para,
re-lembra,
re-pete,
respira, e vai.
Tudo de novo.
Várias vezes por dia.
Você descarta tudo o que é descartável.
Depois de 36 horas você volta pra casa.
Desenho da máscara marcado no rosto.
Um vinco no rosto.
Uma tatuagem.
Você lava e não sai.
Você não descarta seus pensamentos.
Quem você é.
Você não se esquece nunca quem você é.
Você não descarta.
No caminho de casa pro trabalho
Você lembra todos os dias
Quem você é.
Você tem a vida e a morte nas suas mãos.

(Deita o corpo da mulher no chão. Sai.)

4. Uma mulher dança.

(Ela dança em silêncio: um bebê; uma adolescente; uma velha.)

(Escuro. Luz. Surgem outras pessoas. Vai ao microfone.)
— Você faz todos os dias o mesmo percurso. Atravessa a sala lentamente, vai até a porta, se abaixa, você sabe se abaixar, você organiza os chinelos um a um, sempre do mesmo jeito, você não entra de sapatos em casa, os chinelos são pra isso. Lá fora não é aqui dentro. Você muda alguma coisa de lugar pro espaço respirar. Você esteve sempre aqui, esse apartamento é o seu mundo. De tempos em tempos você levanta as almofadas do sofá. O apartamento respira. Um gesto simples, mas determinante. Tudo muda. Você senta em silêncio e observa.

(Escuro. Luz.)
— Você faz todos os dias o mesmo percurso. Atravessa a sala velozmente, faz um giro na porta, uma manobra arriscada! Lá fora não é aqui dentro. Você se sente o máximo com sua blusa vermelha, em cima do seu skate, na sala de casa. Você ri, sua juventude materializada ali, uma foto paralisada no tempo, o chão todo riscado pelas rodas do skate. Você transpira, faz calor aqui dentro. Você tira sua blusa. Um gesto simples. Tudo muda!

(Escuro. Luz.)
— Você faz todos os dias o mesmo percurso. Atravessa a sala engatinhando. Você vai ganhando confiança. Você é curiosa, tudo te interessa. Você descobre coisas novas a cada dia. Dentro e fora de você. Logo você titubeia, sorri, balança, se ergue, balança, quase cai, se põe de pé, finalmente, desequilibrada e

pendendo pra frente você dá os primeiros passos, gargalha, abre os braços e anda pela primeira vez!

(Ruptura.)
— Você continua andando porque esquece. E assim segue a vida.

(Escuro. Luz.)

5. Um homem conta regressivamente.

(Ele parece imóvel. Um instante entre a vida e a morte.)
— Você está à beira-mar tem um farol atrás de você à noite ele funciona, aquela luz intermitente acende apaga acende apaga localiza quem está perdido evita naufrágios você está à beira-mar mas não olha pra ele você olha pra cidade diante de você o sol nas suas costas faz calor você escorre pelas pernas molhando as meias dentro das botas o mar e o farol atrás de você

(Escuro. Luz.)
— Você já viu esse mar em muitas ocasiões é a primeira vez que você o vê assim e está assim nervoso muito nervoso normalmente quando você o vê está calmo ou se acalma mas agora você está nervoso treme não de frio de nervoso você sua nas costas escorre pelas pernas seus dentes cerrados você olha fixo a cidade atrás de você o mar e o farol

(Escuro. Luz.)

— Você percebe que as pessoas que passam começam a olhar na sua direção você está na beira mas vira o centro das atenções as pessoas começam a te olhar e você gosta disso você se sente notado os pés molhados de suor dentro das botas fincadas no chão eles começam a se aproximar você ouve seu nome eles chamam seu nome você ouve o barulho do mar você tem um fuzil nas mãos

(Som. Aumenta. Corta. Silêncio.)
— Você já mergulhou nesse mar você gosta de nadar nada sempre que pode uma outra vida ali dentro você flutua e esquece quem é e a vida lá fora parece que aqui você pode ser outra pessoa quem você realmente é aqui flutua não faz calor o som não machuca os ouvidos não tem estouro é som de silêncio você desliza o corpo nu sem farda nada nas mãos

Você só sabe nadar porque foi jogado ali desde criança o mar é o mesmo pra todo mundo não cobra entrada não tem mensalidade seu sonho era nadar em piscina você não tem piscina sua casa não é sua você mal paga aluguel em dia salário de merda você chega estressado do trabalho você não dorme você trinca é o único jeito você cheira você trinca você apreende o bagulho nas batidas você tem sempre o bagulho você não dorme você trinca você mora longe na beira da beira da cidade

(Som.)
— Você não gosta da beira você quer o centro você quer que olhem pra você no olho do furacão você adora tempestade você se preocupa com sua aparência você nada você malha você cultiva seus músculos e desaba sua angústia num saco de pancadas e dá muitos socos todo dia muitos socos muitas braçadas mui-

tos saltos parado no lugar sempre parado no lugar você olha no espelho e se admira

Você admira seu corpo musculoso sua barriga tanquinho você gosta da sua bunda arrebitada e seu pau evidente na sunga vermelha você adora vermelho sunga vermelha carro vermelho se fosse pra escolher era melhor ser bombeiro você gosta dos bombeiros em silêncio ninguém pode saber você admira os corpos musculosos de outros homens mas você tem ódio dessas bicha manja-rola

Você brilha o olho se olhando no espelho você sua dando socos todo dia você toca cada dobra do seu corpo esculpido a força você treme pensando nos corpos musculosos você goza você tenta desviar seu pensamento você não consegue essa visão cola na sua retina corpos musculosos de homens vermelhos você não se permite você é macho e viado tem que morrer

Você diz isso e se alivia mas se sente estranho você sempre se sentiu estranho desde menino como um peixe fora d'água você nunca está bem dentro da sua própria pele é como se vestisse uma roupa apertada você tem vergonha de você dos seus gestos você não gesticula enquanto fala braços parados ao longo do corpo você fala pouco voz intencionalmente grave boca semicerrada

Você está exausto dentro da viatura você ouve a rádio evangélica a voz do pastor você pode comprar posição mas não o respeito você pode comprar pessoas mas não amigos você pode comprar relógio mas não o tempo casa mas não um lar cama mas não o sono remédio mas não saúde comida mas não o apetite sangue mas não a vida você pode comprar algumas coisas na vida mas vida quem tem pra dar é só Jesus ele pagou o preço você desliga o rádio

Você está exausto olho vermelho você não aguenta o barulho é muito barulho voz de comando grito da tropa patrulha sirene tocando motor pastor pregando cabeça girando você zonzo não sabe onde está você olha pro mar ele te acalma e você se lembra de que o único lugar que não faz barulho é dentro dele e você entra no mar pra ficar quieto você fica quieto

Você tem muita dor nas costas sempre teve você não se lembra de você sem dor começa o dia entrevado corpo curvado poucos movimentos até que se acostuma e vai você vai sem saber por que como boi indo pro abate você se acostuma a tudo você se acostuma à merda na medida em que vai pisando nela e você afunda na merda e de lá você lembra que viver dentro d'água é viver sem dor

Você não tem dor só nas costas tudo dói sua alma dói sua consciência seus ouvidos suas lembranças de menino sua juventude desperdiçada sua solidão sem remédio sua masturbação diária profusão de imagens na sua cabeça e a pergunta que sempre te fazem o fetiche a pergunta que não cala você já matou alguém que pergunta você já matou alguém e você pensa você está olhando mesmo pra mim

Você pensa em nomes os nomes não saem da sua cabeça como fantasmas numa casa vazia cada vida que morre assassinada deixa um nome que fica e forma multidão dentro da cabeça um tormento na cabeça as mãos sujas de sangue Dandara Ludmila

Letícia Daniele Ágatha Kauê Kauã Miguel João Pedro Jenifer Asafe Matheus Yasmin João Roberto Bruna Ana Clara dentro da cabeça uma casa vazia

Você pergunta com o sangue de quem foram fabricados meus olhos com o sangue de quem você está à beira-mar tem um farol atrás de você à noite ele funciona aquela luz intermitente acende apaga acende apaga localiza quem está perdido evita tragédias você treme você sua escorre pelas pernas molhando as meias dentro das botas o mar e o farol atrás de você

(*Escuro. Luz.*)
— Você alterna lucidez e raiva você ouve seu nome eles gritam não se mexe mãos pro alto você está zonzo cabeça vazia barulho do mar sol nas suas costas quase sumindo você treme você atira grades bicicletas isopores no mar e pensa tem lixo no mar muito lixo no mar o sol quase sumindo 18:35 você conta 5 4 3 2 1

(*Escuro. Luz.*)
— Você está no centro você conta regressivamente e atira pro alto descarrega seu fuzil você se alivia girando seu corpo músculos tesos olhar distante cabeça zonza casa vazia você ouve os barulhos os gritos seu nome você olha pro mar atrás de você acende apaga acende apaga você ouve arma no chão arma no chão um som surdo tudo para de repente você vê tudo vermelho e não ouve mais nada

(*Escuro. Luz.*)

6. Uma mulher olha para fora e não vê nada.

(Ela está em casa. E, logo, não mais.)

— Você está em casa e não tem nada pra fazer
Você olha pra fora e não vê nada
Você liga a televisão e fica diante dela
Você zapeia e não se fixa em nada
Você acaba num programa de culinária
Como sempre
Você fica assistindo a receitas e sonhando com pratos
Você cozinha e fica feliz
Você fica muito feliz
Você posta fotos do prato que preparou
Você exibe pra todo mundo que sabe cozinhar
Você tem sempre uma taça de vinho na mão
Isso te dá poder
Você é sócia do clube do vinho
Você se diferencia
Você tem um ótimo aplicativo que entrega todo mês na sua casa uma variedade incrível de rótulos
Você abre uma ou mais garrafas toda noite
Você olha pra fora e não vê nada
Você conjectura sobre a humanidade enquanto zapeia por um noticiário internacional
Você emite breves opiniões no seu feed depois de compartilhar o aumento por dia do número de mortos no seu país
Um pouco antes você tinha postado uma foto de um prato de risoto de camarão com a frase "um jantarzinho de terça-feira"
Fui eu que fiz

Você tem sempre duas ou três garrafas de champanhe geladas para qualquer emergência
Você olha pra fora e não vê nada
Às vezes o tédio toma conta de você
Às vezes não
Frequentemente
Você sente tédio
Você tem direito ao tédio
Tem tempo pra isso
Você desenvolveu intolerância a glúten e a lactose
Como quase todo mundo
Você tem falta de vitamina D
Como quase todo mundo
Você é *up-to-date*
Inclusive nisso
Você não toma sol
Para escapar do tédio você entra no mercado livre
Você olha as novidades
Você compra um kit de cuidados pra pele
Você compra um porta-sapatos pra colocar no *hall* de entrada
Uma planta nova pra dar vida ao apartamento
Frigideiras e panelas antiaderentes
Você procura na seção *sex shops*
Plugs e outros brinquedinhos vibrantes
Seu ovinho com oito modalidades de vibração é seu melhor amigo
Você tem pensado em sexo online
Mas ainda não tomou coragem
Você usa aplicativos de encontro
Mas só aparece traste
Você não tem sorte
Você tem pensado em sexo online

Mas não tem coragem
Você sonhou ser uma *cam girl*
Isso te atrai
Você gosta de dizer que isso te atrai
Pega bem
Você se sente ousada
Fala abertamente sobre isso
Vai ao café *gourmet* com as amigas
E fala abertamente sobre isso
Pega bem
Mas você não tem coragem
Nunca teve
Você tem algum dinheiro
Nenhuma coragem
Você sai do mercado livre
Você não está nem no mercado nem é livre
Trocadilho ridículo você pensa
Você acha que está ficando velha
Mas você ainda se acha bem pra sua idade
Você faz as unhas semanalmente
Visitas regulares ao cabeleireiro
Ioga pelo menos uma vez por semana
Pega bem
Um curso de cinema online mesmo sem paciência
Pega bem
E dormir muito
— Não conta comigo de manhã, um mau humor danado
Você não gosta de falar de manhã
Você dorme de manhã
Você toma vinho e pílulas à noite
E zapeia entre Netflix, Amazon Prime e HBO

Facebook, instagram, app de encontros, sites de sexo virtual, mercado livre
Você olha pra fora e não vê nada
Você está em casa e não tem nada pra fazer

Você passa seu cartão de crédito
Aparece recusado
Passa de novo
De novo recusado
Você se irrita e trata mal a vendedora
Você não tem paciência
Você tecla pra gerente da sua conta
Ela diz que você estourou o limite
Você se vê de repente desfalcada financeiramente
Que absurdo
Você não sabe o porquê
Você não tem o hábito de olhar extratos bancários
Era só o que faltava
Você nem pensa nisso
Você nunca pensou
O que é seu sempre esteve guardado
Sua família acumulou bens ao longo da vida
Família é chato
Mas você conta mesmo é com o dinheiro dela
É menos chato do que não ter dinheiro
Equação básica
Você não olha extrato
Mas sabe matemática
Você não é burra
Sua mãe é chata mas é rica

Sua mãe é legal
Você é rica
Você é legal
Vocês são todos legais
Ricos e legais
E felizes
E tudo é colorido e fofo
É assim
Você merece
Você não tem culpa
Você pensa
— Eu nasci assim
— Eu mereço
— Eu tenho direito
— Eu não tenho culpa
— Eu não posso resolver todos os problemas do mundo
— Eu estou muito cansada
— Tanta violência e miséria nesse mundo
— A gente não tem sossego
— Ah, gente! Vamos mudar de assunto!
— Uhuuuu!
E você pesquisa *resorts* em lugares paradisíacos
E você vê quantos pontos você acumulou no seu programa de milhagem
— Uhuuuu!
E você precisa dar uma desconectada
Está tudo muito estressante
Então você abre uma daquelas garrafas de champanhe emergenciais
Você engole suas pílulas coloridas

E você relaxa
Você dorme babando no sofá branco e fofo
Você acorda e olha imediatamente o celular
Você troca de celular todo ano
— Vale mais a pena, lógico
Você está sempre *up-to-date*
Você não perde o bonde
Você recebe uma mensagem do banco
E vê que sua conta está no vermelho
Você adora vermelho
Unhas vermelhas
Batom vermelho
Vestido vermelho
Demora um pouco a se dar conta de que a conta está no vermelho
— O que é isso?
Você ri
Ri mais um pouco
Vai tomar uma ducha pra começar bem o dia
Seu café da manhã com suco de laranja espremido na hora te espera
Você ri ainda mais
Você ri nervosamente
Você tem uma crise de riso
Riso nervoso
— Nervosa
Você está nervosa
— Muito nervosa
Você sai do chuveiro e liga pra gerente do banco
Ela confirma que você não tem mais um centavo
Você percebe que seu café da manhã não será servido

Você não tem mais empregada doméstica
Você liga pra sua mãe e ela não te atende
Passa uma semana e ela não te dá notícias
Você fala com o advogado da família e ele desconversa
A mesada não pinga mais
Mas sua mãe é rica
Você é rica
Você abre a última garrafa emergencial de champanhe
Você vai precisar deixar seu apartamento
Ele será vendido pra pagar dívidas da família
Você não tem pra onde ir
Você não tem nem mesmo a casa de campo ou de praia
Ambas já foram vendidas
Você não tem mais o apartamento que você tinha ganhado quando era adolescente
Ele foi vendido
Você não tem mais carro bicicleta periquito papagaio
Você não está mais em casa e não tem nada o que fazer
Você olha pra dentro (de você) e não vê nada.

(Permanece. Delírio.)

7. Inserção. Uma cadela.

(Uma pessoa irrompe. Uma cadela.)

— Todo mundo que ama gato e cachorro, é idiota. Ao mesmo tempo, o que eu digo é bem bobo, porque quem gosta mesmo de gato, cachorro tem uma relação com eles que não é humana. — Você não é humana, cachorra! Você é uma cachorra, sua cachorrona! — A minha relação com você é uma relação animal, eu acho! A gente brinca juntas, dorme juntas, eu divido até a minha comida com você, mas toda vez que você acaba de comer na sua vasilha de plástico, tenta cavar o chão de cerâmica, querendo enterrar as sobras. Você caga e quer logo enterrar. Você adora meus sapatos, aliás, se você estragar esse, meu bem, eu acabo com você! Sua vadia! Não para de cheirar, de morder. É saudade da terra? Tem três tipos de animais: os familiares, os míticos, os de matilha. Quantos tipos de humanos a gente seria capaz de diferenciar?

(*Desaparece.*)

8. Continuação. Uma mulher olha para dentro e não vê nada.

(*Delírio. Ela já não está em casa. Uma pessoa em situação de rua.*)

— Você coça
Você acorda e não sabe onde está
A vista embaçada
A cabeça zonza
Apertada pra mijar
Calor e muito barulho
Você coça

Passa as unhas nas pernas
Suas unhas estão grandes
Estão sujas
Você estranha
Você não entende o porquê
Você coça
Você pensa em marcar manicure
Você continua coçando
Você está zonza e sente um cheiro ruim
Você precisa mijar
Você coça
Você olha pro lado e com a vista embaçada vê outras pessoas meio amontoadas a seu lado
Você coça
Você vê um colchão encostado numa pilastra
Um pedaço de espelho
Sacos pretos de lixo acumulados
Suas malas sujas perto de você
Você coça as pernas vigorosamente
Você tem sangue nas unhas
Sangue nas pernas
Você sangra
Você tem as mãos sujas de sangue
Você tem as mãos sujas de sangue
Você pensa
Nós temos as mãos sujas de sangue
Você se diz baixinho nós temos as mãos sujas de sangue
Você grita
Nós temos as mãos sujas de sangue
Você tem a vista embaçada

Você abre bem os olhos e vê carros e ônibus passando bem perto de você
Fumaça de escapamento
Você tem gosto de petróleo na boca
Você sente fome e sede
Você não sabe onde está
Você grita
Você coça
Você fede
Você sangra
Você mija
Você mija
Você se mija
Você mija na roupa
Você mija na rua
Você mija demoradamente
Uma cachoeira de mijo quente
Escorrendo pelas pernas sangrando
Ensopando as meias e os sapatos
Um rio quente no asfalto
— Acorda
— Acorda
— Acorda
— Acorda
Você tem as mãos sujas de sangue

Você está no escuro
Você não sabe onde está
É apertado
É úmido

Ratos gostam de lugares úmidos escuros e apertados
Você se lembra da sua fobia de ratos
Você manda desratizar sua casa duas vezes por ano
Você não pode nem pensar em rato
Você ama Paris
Mas detesta ratos
Um dilema na sua vida
Você pensa em Paris e isso parece uma imagem distante
Apagada
Você não consegue definir os contornos da sua memória
Você se concentra e tenta se lembrar dos detalhes
Mas você não consegue
Parece que você vê com outros olhos
Parece que você cheira com outro nariz
Ouve com outros ouvidos
Sente com outra pele
Você não se reconhece
Você se enrosca num canto
Apertado
Úmido
Você rói um pedaço de pão
Que tem agarrado nas unhas
Kiiii Kiiii Kiiii Kiiii
Você se assusta
Você corre se esgueirando pelos cantos
E tenta achar uma saída

(Tenta achar uma saída.)

9. Uma mulher tenta ficar de pé.

(Ela tenta ficar de pé. Ela explica o que se passa. Como numa aula.)
* Cena escrita a partir de improvisações com Kenia Dias.

— Eu tô aqui ó!
Eu não sumi
Eu tô aqui
Eu existo
Eu não sumi
Eu tô aqui
Eu não sumi
Eu existo
Eu tô aqui
Eu existo

Meus braços estão abertos, meus cotovelos se dobram, minhas mãos encostam no peito.
Coloca a mão no seu peito.
O coração é um músculo percussivo, digamos assim, é o nosso tambor interno.
E o mais interessante é que é entre uma batida e outra que as principais funções do corpo acontecem.
Ou seja, é na ressonância entre uma batida e outra que o efeito da emoção acontece no corpo.
Uma outra informação importante é que o coração é um músculo espiralado.
Ele não é duro, opaco, fechado em si.
Não, ele tem movimento, tem pensamento e ele pode espiralar e se expandir.

Coloquem as mãos na frente.
Mão direita passa por trás da mão esquerda, os dedos se enlaçam e... espiral em cima, espiral embaixo.
Ele abre, espreguiça e espirala. Não é incrível isso?

E o mais interessante é que o coração tem um sistema nervoso próprio, único, só dele, por isso ele continua batendo, acontecendo fora do próprio corpo ao qual ele pertence.
Basta colocá-lo em uma substância salina para ele continuar pulsando, vibrando.
E por que numa substância salina?
Porque lá tem os íons.
E os íons são responsáveis por ativar a corrente elétrica do sistema nervoso do coração.
Não é incrível isso!?
Ele continua batendo, acontecendo fora do próprio corpo ao qual ele pertence!
Isso é incrível!

E 90% do sistema nervoso do coração vai para o cérebro e 10%, desce do cérebro pro coração e o restante do corpo, ou seja, quem manda em quem?
A gente passa a vida aprendendo que é o cérebro que manda no corpo, mas não.
É o coração que orquestra tudo isso aqui.

Uma outra informação importante é que de dentro do coração sai a artéria aorta.
Vamos nos lembrar que pelas artérias circula sangue arterial, com oxigênio.

E pelas veias circula sangue venoso, sem oxigênio.
A artéria aorta sai de dentro do coração e faz uma leve curva e desliza por trás dele.
Quando ela desliza por trás, ela desce mais ou menos pela região aqui da coluna, e quando chega mais ou menos na altura do umbigo ela se divide em duas e desce pelas pernas, e quando chega na altura dos joelhos ela se divide em mais duas e escorre pelas botas, meias, até os calcanhares, e vira capilares.
Então, desce sangue arterial e sobe sangue venoso, desce sangue arterial e sobe sangue venoso que é processado e transformado em sangue arterial com a ajuda de quem?
Dos grandes pulmões!

Toda vez que eu falo sobre o coração, que eu estudo o sistema cardiovascular, me vem de uma maneira muito forte e intensa uma memória que vivi há 25 anos quando minha filha nasceu.
Quando eu ouvi pela primeira vez o som dela, a voz dela, eu senti meu peito se abrir.
Foi concreto. Eu senti mesmo uma flor se abrir no meu peito.
Não foi uma imagem fora do corpo, mas eu vivi aquela imagem da flor se abrindo no meu peito. Aí eu chorei, ela veio pro meu colo, o pai dela nos abraçou... eu sei que parece cafona, piegas, mas eu senti mesmo essa flor se abrir.
Tem até a foto desse momento. Minha filha tá com a coluna toda arqueada, as mãozinhas abertas e a boca aberta soltando o primeiro som da sua vida, respirando o primeiro ar.
Imagina, o bebê fica nove meses com o centro gravitacional voltado para o umbigo e quando nasce se abre inteiro e fica durante um ano aprendendo a ficar de pé.
Um ano.
A gente se esquece disso.

A gente fica um ano aprendendo a ficar de pé, durante um ano a gente aprende a sentar, engatinhar, cair, levantar, cair, levantar... durante um ano.
A gente se esquece que durante um ano somos investigadores profundos da relação do corpo com a gravidade.
A gente se esquece disso.

(Ela cai. Ela se levanta.)

O diafragma é esse músculo grande aqui que parece um guarda-chuva, um paraquedas.
E o coração está encostado nele.
Se a gente retira o coração do diafragma, ele deixa uma leve marca no diafragma.
Mas é uma marca da relação entre os músculos e não do peso de um músculo sobre o outro.
Essa é uma outra informação importante:
Nada pesa sobre nada. Tudo flutua.
Minha cabeça não está pesando na minha coluna, minha coluna não está pesando na minha bacia, minha bacia não está pesando nas minhas pernas.
Nada pesa sobre nada. Tudo flutua. Nada pesa sobre nada.
Experimenta.
A cabeça flutua, a coluna flutua... como o sistema solar.
A Lua não está pressionando o planeta Terra, as 53 luas de Saturno não estão empurrando Saturno.
Tudo flutua. Nada pesa sobre nada. Nada se apoia em nada.

Eu adoro imaginar meu corpo espalhado por paisagens que eu já vi por paisagens que eu entendo ou paisagens que nunca vi, ou que já visitei, ou paisagens inventadas.

Eu sempre imagino meus pés, só os ossos, correndo numa areia fofa, quente, de alguma praia...
Imagino minha coluna toda esticada numa pedra quente de alguma cachoeira...
Imagino minha bacia boiando numa marola de algum oceano profundo.
Adoro imaginar minha pele boiando num igarapé, adoro imaginar meus olhos espalhados, um no monte Everest e o outro no monte Roraima, cada um vendo uma paisagem diferente.
Eu sempre imagino meus ouvidos no espaço, onde não tem som, só o vácuo...
Imagino sempre eu lavando meu coração numa água fresca, limpa, de alguma roça e...
Imagino sempre os meus pulmões ali, na Amazônia, respirando aquele ar, aquela imensidão.

(Ela cai. Ela se levanta.)

Aí eu junto tudo e eu fico bem, fico muito bem, fico bem mesmo.

(Ela cai. Vai se levantando enquanto explica. Como numa demonstração.)

Isso é um corpo caído no chão. Esse corpo pode estar entorpecido de medicação, pode estar desmaiado, pode ter desistido, ou pode ter sido atingido por um projétil.
E se esse corpo foi atingido por um projétil? E se esse projétil veio em direção ao crânio desse corpo? Ele vai atravessar as três camadas de pele, invadir o sistema nervoso, estourar os ossos, invadir os miolos, o cérebro vai explodir, esse corpo não vai ficar em pé, cai na hora, é morte instantânea.

Mas se esse mesmo projétil vier em direção ao coração, ele vai atravessar as três camadas de pele, invadir as células nervosas, o sistema nervoso, estourar as veias e artérias, quebrar os ossos das costelas e invadir o coração, esse músculo espiralado que vai desespiralar.

Mas esse corpo tem ainda de 13 a 15 segundos para ficar de pé.
De 13 a 15 segundos para ver as últimas imagens.
De 13 a 15 segundos para ouvir os últimos sons, para sentir os últimos ares.
De 13 a 15 segundos para se lembrar das últimas memórias.
De 13 a 15 segundos para falar as últimas palavras.
De 13 a 15 segundos para falar as últimas palavras.
Falar as últimas palavras... fora... fora...
Falar as últimas palavras... fora... fora...
Foooooraaaaaaaa!!!!!!

(Faz o espaço ventar.)

10. Um homem entre o sono e a vigília.

(Três dimensões da vida: o real, o pesadelo, a memória.)

— Acorda acorda acorda
Você ouve
Acorda
Bem longe
Como se viesse de outro lugar

Você ouve
E não consegue reagir
Acorda
Você não reage
Você ouve

Você não reage
E não sabe o porquê
Não é a primeira vez que isso acontece
Você não sabe por quê
Você

Você não reage
E não sabe o porquê
Não é a primeira vez que isso acontece
Você não sabe por quê
Você

Não reage
Você se diz em silêncio
Agachado ao lado da sua amiga
Tremendo
Esperando o pior

Você acabou de ser jogado no chão
Golpe pelas costas
Chutes na cabeça
Vista embaçada
Zunido no ouvido

Não reage
Você tem medo de morrer

Tremendo sem motivo
Jogado num beco
Uma cachorra late

Acorda acorda acorda
Parece um *déjà-vu*
Acorda acorda acorda
Parece um *déjà-vu*
Acorda acorda acorda
Parece um *déjà-vu*
Acorda acorda acorda
Parece um *déjà-vu*

Acorda acorda acorda
A voz bem longe
Você ouve tremendo
Sem reagir

Tá fazendo o que aqui, maluco?
Quer morrer, viadinho?
Tá caçando confusão, bicha filha da puta?
Quem manda aqui sou eu, caralho!
Tu vai morrer!!!

Você ouve sem reagir
Tremendo
Escorre pelas pernas
Molha a meia-calça
Um rio quente no asfalto

Vista embaçada
Suor misturado com maquiagem

Escorre dentro do olho
Tudo se move a seu redor
Você se move dentro de você

Diante de você muitas cores
Brilho embaçado
O chão tremendo sob seus pés
Tudo vibra e tudo brilha
Junto com você

Você ouve o grave do som
Bem perto
Como um golpe no peito
Faz você se deslocar
Você sorri

Você dança
Tremendo sem motivo
Suor escorrendo pelas pernas
Molhando as virilhas, as coxas, os pés
Dentro das botas

Você olha de cima salto 15
Você gira seu suor
Respinga nas pessoas bocas abertas
Alta tecnologia bate-cabelo
Peruca intacta

Tá fazendo o que aqui, querida?
Fechação, viadinho?
Confusão e gritaria, né, bicha?

A senhora é dona da porra toda!
Tu arrasa!!!

Você gira sorrindo
Você beija seu ombro
Gargalha sua voz
Grave como o som
Você lacra!!!

Você dança sem motivo
Um som surdo na cabeça
Você ouve
Você treme pelas pernas
Tudo escorre a seu redor

(Como um filme ao contrário. Tudo volta ao ponto inicial.)

Você ouve
Acorda
Bem longe
Como se viesse de outro lugar
E não sabe o porquê

Acorda acorda acorda
Você ouve
Não é a primeira vez que isso acontece
Você se diz em silêncio
Dentro de você

Você é criança e se olha no espelho
Toalha de banho molhada é cabelo

Escova de cabelo microfone
Mexe os lábios sem som
Você é criança e rebola no espelho

Dentro de você tudo treme
Você conhece o tremor desde criança
O pensamento do tremor
Não é sempre o do medo
É também o que se opõe ao sistema

Você sabe desde criança
Que a gente entende melhor o mundo
Quando a gente treme
Pois o mundo treme
Em todas as direções

Você ouve isso "o mundo treme em todas as direções
Você grita a vida é maravilhosa nós esperamos vocês
Nós somos muitos nós os caídos
Os amantes de peito perfurado
Vocês não estão sozinhos"

Você leu isso no livro do Paul B. Preciado
Você se lembra
Você lê enquanto bebe
Você bebe enquanto se monta
Você se monta junto com suas amigays

Todos os funks-bits-moods-bombando
1 minúsculo espelho-moldura-laranja-disputado
5 bichas-glitter-animadas-peruca

Cem músculos-tesos-bundas-dançantes-agitadas
Prontas pra sair

Você desce a rua sorriso largo com sua amiga
Você salto alto meia-calça brilhante coluna ereta
Freada de carro mãos pro alto de costas viradas pro muro
Arma apontada pra cabeça gritos de ordem uma cachorra late
Mãos que apalpam teu sexo

Te jogam no chão você não pode gritar
Vasculham tua bolsa uma cachorra late
Insultam você ancestralmente
Tua beleza ofende
Tua alegria é insuportável

Acorda viado não tem mãe desgraçado
Tu merece morrer nojo do mundo
Eu estouro teus miolos uma cachorra late
Lixo da humanidade eu dou pros cachorros comerem
Uma cachorra avança fazendo muito barulho ela te salva

Você ouve e não esquece
Fica entranhado em você
Pra sempre
Violento como um trator
Que te esmaga

Você ouve
Acorda
Bem longe
Como se viesse de outro lugar
E não sabe o porquê

Você ouve isso o mundo treme em todas as direções
Você grita "a vida é maravilhosa nós esperamos vocês
Nós somos muitos nós os caídos
Os amantes de peito perfurado
Vocês não estão sozinhos"

Você olha diante de você
Uma multidão diante de você
Tudo treme diante de você
Eles esperam por você
Eles querem te ouvir falar

(Introdução de "Sweet dreams".[1] Ele vai começar o show. Interrupção. Desaparece.)

11. Uma travesti ama.

(Ela surge. Uma bota no pé e outra nas mãos.)
* *Cena escrita a partir de improvisações com Vitória Jovem Xtravaganza.*

— Eu vou falar para vocês um texto que eu já fiz antes e eu vou falar ele de cor talvez vocês não consigam entender agora mas não se assustem com uma pessoa sem calça todo mundo nasce sem calça vou colocar uma música[2] que eu recebi há uns dois dias e que eu não consigo parar de ouvir.

(Pega o celular, que está conectado a uma caixinha de som.)

---

1. Canção da banda Eurythmics, composta por Annie Lennox e David A. Stewart, parte do álbum *Sweet Dreams (Are Made of This)*, de 1983.
2. "Masochist", canção interpretada por Christina Aguilera, composta por Christina Aguilera, Tim Anderson, Darhyl "Hey DJ" Camper Jr. e Juber, parte do álbum *Liberation*, de 2018.

Eu sou assim às vezes eu recebo umas coisas e elas viram amuletos que eu não solto nunca mais por um tempo às vezes eu não solto nunca mais e às vezes eu solto e nunca mais pego assim como eu soltei a minha calça e talvez eu nunca mais pegue ela de volta quem não me conhece vai descobrir um dia que eu sou um pouco assim eu nunca sei quando eu vou voltar pras coisas direito.

Eu vou colocar uma música que eu recebi há uns dois dias e assim como eu sou um pouco assim com as coisas essa música também está um pouco assim assim comigo também.

(Coloca a música. Em inglês.)

Eu não falo inglês então é isso você não fala uma língua você não fala hebraico mas você escuta o canto hebraico das mulheres hebraicas e você sente alguma coisa alguma não sei você não precisa saber tudo mas alguma coisa você sente concretamente em você. *Crazy*: Louco. *Stupid*: Estúpido. *True*: Verdadeiro.

(Começa a calçar a bota.)

A parte mais difícil que é vestir isso aqui parece que não foi feita pra mim sabe é sempre uma dificuldade porque não entra no pé igual a um chinelo e aqui tá a marca de outra pessoa porque foi usada por outra pessoa recentemente e esse é um problema que eu vou ter que lidar agora, essa pessoa está aqui vou ter que lidar com essa dificuldade.
Mas também nada precisa ir até o fim é isso nem tudo precisa ir até o fim eu nunca entendi isso direito: por que as coisas precisam ir até o fim é uma possibilidade eu posso usar essa bota assim dessa vez vamos deixar essa pessoa aqui às vezes é bom manter alguém por perto pra não se sentir sozinha.

Eu vou botar de novo a música eu não sei o porquê mas desde criança eu tenho uma convicção uma vez é muito pouco tem gente que acha brega ouvir música no *repeat* eu amo ouvir música no *repeat* eu vou botar a música de novo.

Já que eu não falo inglês toda vez que eu recebo uma música em inglês aí eu vou lá eu vou atrás vou tentar entender o que ela está querendo dizer exatamente mas é isso, eu posso sentir.

Eu não sei se todo mundo já sentiu isso que eu tô sentindo agora é difícil exige o amor exige também você tem que estar ali com a coisa senão ela não vai até o fim se eu não tiver com esse cadarço ele não vai até em cima e aí você se percebe tremendo no meio da coisa você fica nervosa sem por que tá nervosa nenhum motivo não tem nada de ruim acontecendo.

Todo mundo tá querendo que eu chegue no final dessa bota eu também tô querendo.

E eu tô tremendo tá vendo que eu tô tremendo não tem por que eu tremer mas mesmo tremendo a gente permanece.

O amor ele é assim você não tem muita escolha você acha que você pode escolher você acha que você pode escolher não tremer mas você não pode escolher acontece a coisa te pega eu sempre falei pra ele vai mona você mexe com a coisa a coisa mexe com você não adianta você dizer que não mexe mas é isso você mexe na coisa ela mexe com você.

Aliás essa é uma frase da minha mãe ela sempre me dizia isso quando criança vai Vitória não adianta você mexe com a coisa ela mexe com você é óbvio não adianta ela mexe.

E aí todos os dias ele me pergunta eu não sei por quê mas ele insiste em me fazer essa pergunta todos os dias e aí amor você já fez o Fellini chorar hoje?

E aí ele fala do Marcio Abreu ele conhece Marcio Abreu agora essa é a ironia da vida essas pessoas elas se conhecem agora, ele gosta do Marcio Abreu já falei muito pra ele já xinguei o Marcio Abreu e agora concretamente eles se conhecem.

Eu vou botar de novo a música eu não sei o porquê mas desde criança eu tenho uma convicção na vida de que duas vezes é muito pouco eu sempre achei duas vezes muito pouco tem gente que acha brega ouvir música no *repeat*, eu amo ouvir música no *repeat* talvez vocês não queiram escutar de novo mas eu vou botar a música do início.

Eu nunca pensei que isso fosse me acontecer na vida eu também nunca pensei que eu teria isso que eu tenho nos pés hoje eu nunca pensei que eu teria uma bota branca pra muitas pessoas isso é só um sapato não é nada além disso é um sapato mas esse é um sapato que eu não poderia estar usando pelo simples fato de eu ter o que eu tenho no meio das minhas pernas isso é um sapato que não corresponde ao meu sexo é um problema socialmente assim como quando você se apaixona por alguém do mesmo sexo e amar alguém do mesmo sexo isso também é um problema socialmente e ela — a música — tá dizendo que é tão bom amar é tão bom amar ela tá falando que é tão bom amar eu realmente não sei se todo mundo que tá aqui hoje ou lá fora já teve esse direito na vida amar.

(Enfia a música no corpo. Interrompe.)

É linda a bota né é chocante o amor também é chocante às vezes a presença ela é chocante o sexo é chocante amar é chocante.

(Flutua. Música no espaço. Ela desaparece.)

12. Uma mulher dança.

(Ela surge. Silêncio. Observa o espaço. Se desloca. Ela dança o espaço vazio e a memória do que aconteceu ali. Fala ao microfone.)

— E você vai se perguntar um dia, bem mais tarde:
Como fazer pra continuar de pé?
Um gesto simples, mas nada evidente.

13. Sweet Dreams.

(Um homem entre o sono e a vigília surge montado, como uma drag queen. Performa um lipsync de "Sweet dreams". Vê uma multidão na frente dele. Luzes de show. Flashes de luz revelam corpos em suas trajetórias sincopadas. Um sampler de fragmentos das crônicas individuais que formam este livro-peça. Uma festa de despedida. Todas as pessoas dançam, cada uma a sua dança. Cadelas e cães latem. Olham o público.)

14. Prefácio.

(Interrupção. Uma travesti move as palavras. Ela diz.)

— Você,
Quando você me pediu pra escrever esse Prefácio nós estávamos numa sala de trabalho vazia, em São Paulo. Os espaços onde nos encontramos pra trabalhar parecem depósitos. Geralmente ficam nos fundos ou no subterrâneo de alguma casa ou edifício sem mobília, salvo alguma mesa e cadeiras desiguais que foram terminar sua vida útil ali, servindo à nossa tarefa de invenção cotidiana.

As coisas ganham vida quando inventamos. Silêncio. É estranho estarmos distantes. Nós passamos, muitas vezes, mais tempo juntos do que separados. Devo ter passado mais aniversários com você do que com qualquer outra pessoa no mundo, sempre trabalhando. Quando uso essa palavra, trabalhando, quero dizer movendo, nos movendo, fazendo mover.

Você me perguntou se eu ia escrever esse Prefácio e eu respondi que sim, sem pensar. Nós vivíamos muito próximos quando as palavras que vem antes dele, desse Prefácio, começaram a querer surgir. E, de repente, tivemos de nos separar. Mas continuamos a nos enviar notícias e a buscar maneiras de não perder o vínculo. Tivemos de inventar cada dia, pois os dias deixaram de existir como eram antes. Não pensávamos sobre como conseguiríamos atravessar a duração de um dia. Hoje isso não parece nada evidente, conseguir atravessar o dia. E, inventar o dia foi, ainda é, buscar, cada dia, maneiras de continuar a viver, nas suas palavras e nas minhas. E em tudo o que existe entre elas. Silêncio.

Ambos sabemos que isso é uma desculpa, nossas vidas não dependem disso, poderíamos viver sem inventar, sem buscar, sem dizer, como tantos zumbis que andam por aí proclamando sua estupidez orgulhosa e assassina. Poderíamos estar relegados a essa espécie de não vida em massa que assola esse planeta. Mas, ambos sabemos, preferimos John Cage, o poeta músico nascido em Los Angeles. Ele disse: "Eu estou aqui e não tenho nada a dizer e o estou dizendo e isto é poesia." Nossa existência diz. Nossa vida é assim.

Eu sei como você poderia falar sem bloqueios sobre tudo o que tem acontecido no meu país e no mundo. Eu seria incapaz. Passaria muitos dias mergulhado numa angústia sem fim, exatamente como tenho passado sem conseguir começar este Prefácio.

Eu pensei desde o início que ele teria 5000 caracteres, o mesmo tamanho do prefácio que a Virginie Despentes escreveu para o Paul B. Preciado no livro *Um apartamento em Urano*. Rapidamente eu pensei num plano, mas é típico do bloqueio que, mesmo sabendo o que queremos escrever, não venha nada.

O plano, então, que eu tinha na cabeça, começava assim: "Nossa língua-mãe foi tomada de assalto e fala agora a fala dos algozes, dos embrutecidos e daqueles que se orgulham em banalizar a morte e também a vida."

No dia em que escrevo esse Prefácio vejo a notícia de que quase 2 mil pessoas morreram, morrem, no Brasil, a cada dia, vítimas de um governo genocida. Você me faz lembrar que essas mortes juntam-se a mais de quinhentos anos de genocídio sistemático dos povos originários, ao extermínio da população de jovens negros pela ação violenta da polícia e do Estado, ao aumento crescente dos números de feminicídio, ao fato de que pelo menos uma pessoa LGBTQIAP+ é agredida por hora nesse mesmo país, onde a escravidão permanece como uma sombra e as feridas coloniais se renovam, fazendo a sociedade sangrar permanentemente.

A ruína quase completa de um país que queima. Florestas, instituições e pessoas. À luz do dia e sem nenhum pudor. E com o consentimento violento ou apático de uma parcela considerável da população. Silêncio.

Você me faz lembrar que tudo isso apavora, mas não surpreende. "Nossa língua-mãe foi tomada de assalto e fala agora a fala dos algozes, dos embrutecidos e daqueles que se orgulham em banalizar a morte e também a vida." Silêncio.

De novo John Cage, o poeta músico: "Nenhum som teme o silêncio que o extingue e não há silêncio que não seja grávido de som." Dentro de uma câmara à prova de som, ele ouviu dois sons: um agudo, um grave, seu sistema nervoso, seu sangue circulando. Vida, portanto. Nenhuma existência pode ser silenciada. Sangue é pra circular. Sistema nervoso é pra comunicar.

E assim, no silêncio, estamos vivos.

Você me faz lembrar, então, que é minha tarefa contar para as pessoas histórias que elas não imaginam e convencê-las de que é razoável desejar que elas aconteçam. Nossa existência diz. Nossa vida é assim.

As histórias contadas aqui parecem desenhar uma linha de horizonte coerente. Eu me lembro de cada fragmento, do momento em que cada um nasceu, mas é uma surpresa descobri-los aqui, reunidos. Diversas histórias se desenrolam ao mesmo tempo, em grupos, entrecruzadas, alternadas, em espiral, como diria Leda Martins, sempre em torno dos mesmos pontos, mas não na mesma altura.

Esse é um livro diferente, um edifício, um corpo. Tem história, tem fala, movimento, ouvido que escuta.

Há um fio dessa história que diz respeito a nós: nossa separação e o tempo depois dela. E há outros fios que se entrelaçam para formar outros motivos, tudo isso que apareceu aqui e que presenciamos juntos, entre o sono e a vigília, nesse lugar tão concreto que é o dos sonhos, entendidos como lugar de ação no mundo.

Você me faz lembrar que sonho, errância, movimento são territórios que podemos ocupar. E essa espécie de arrogância que me convoca a deslizar entre mundos,
entre línguas, é sexy
me faz sentir
sexy
também.
Uma outra língua
dentro dessa
língua.
Ocupar a língua-mãe,
língua dentro da
língua,
língua na

língua,
língua que
língua desde a
língua,
de dentro,
língua que
fala,
não a não língua que
cala,
como a não vida que
mata
e que
faz calar.
Sim à língua que
fala,
corpo-língua de língua que
move,
molha,
escorre,
vaza,
transborda,
transtorna,
lambe,
engole,
cospe,
transforma.

Pela primeira vez desde que a gente se conhece eu sou mais otimista que você.

Como disse Caetano Veloso: "Eu tenho uma tendência ao otimismo." O que é diferente de ser otimista por definição.

Estar sem palavras diante do horror humano, diante da miséria que te esmaga como um trator e você não esquece, estar sem palavras é para aqueles que sempre estiveram sentados em cima delas como num trono ou para aqueles que sempre tiveram acesso aos púlpitos, às assembleias, aos palcos, às telas, às ondas sonoras, aos microfones. A quem sempre foi impedida a fala e recusada a escuta, dessas pessoas borbulham palavras em profusão.

Eu sonhei com "um edifício que se levanta e anda, um troll gigantesco que corta suas raízes de concreto e se desprende do chão pra se afastar de uma cidade que se tornou tóxica".

Nós viemos de um país em ruínas. escapamos. obstinação ou privilégio. os dois. ou sorte. antes de tudo.
antes de tudo.
é preciso que se diga.
tem histórias que nunca foram contadas.
aqui.
um edifício.

O espaço existe, ele está aberto pra nós.

Existe um lugar onde é possível ser completamente diferente de tudo o que lhe permitiram imaginar até hoje. Imagine que.

(Silêncio. Todas as pessoas ali. Estão sentadas lado a lado. Ao fundo. Olham o público. Suspensão.)

FIM.

CIP-BRASIL. CATALOGAÇÃO NA PUBLICAÇÃO
SINDICATO NACIONAL DOS EDITORES DE LIVROS, RJ

A146s

Abreu, Marcio

Sem palavras / Marcio Abreu. - 1. ed. - Rio de Janeiro : Cobogó, 2023.
80 p. ; 19 cm. (Dramaturgia)

ISBN 978-65-5691-098-7

1. Teatro brasileiro. I. Título. II. Série.

23-83085   CDD: 869.2
            CDU: 82-2(81)

Gabriela Faray Ferreira Lopes - Bibliotecária - CRB-7/6643

© Editora de Livros Cobogó, 2023

Editora-chefe
Isabel Diegues

Edição
Aïcha Barat

Gerente de produção
Melina Bial

Revisão final
Eduardo Carneiro

Projeto gráfico de miolo e diagramação
Mari Taboada

Capa
Pablito Kucarz

Nenhuma parte desta obra pode ser reproduzida, adaptada, encenada, registrada em imagem e/ou som, ou transmitida de nenhuma forma ou por nenhum meio, sem a permissão expressa e por escrito da Editora Cobogó.

A opinião dos autores deste livro não reflete necessariamente a opinião da Editora Cobogó.

Todos os direitos reservados à
Editora de Livros Cobogó Ltda.
Rua Gen. Dionísio, 53, Humaitá
Rio de Janeiro – RJ – Brasil – 22271-050
www.cobogo.com.br

COLEÇÃO DRAMATURGIA

ALGUÉM ACABA DE MORRER LÁ FORA, de Jô Bilac

NINGUÉM FALOU QUE SERIA FÁCIL, de Felipe Rocha

TRABALHOS DE AMORES QUASE PERDIDOS, de Pedro Brício

NEM UM DIA SE PASSA SEM NOTÍCIAS SUAS, de Daniela Pereira de Carvalho

OS ESTONIANOS, de Julia Spadaccini

PONTO DE FUGA, de Rodrigo Nogueira

POR ELISE, de Grace Passô

MARCHA PARA ZENTURO, de Grace Passô

AMORES SURDOS, de Grace Passô

CONGRESSO INTERNACIONAL DO MEDO, de Grace Passô

IN ON IT | A PRIMEIRA VISTA, de Daniel MacIvor

INCÊNDIOS, de Wajdi Mouawad

CINE MONSTRO, de Daniel MacIvor

CONSELHO DE CLASSE, de Jô Bilac

CARA DE CAVALO, de Pedro Kosovski

GARRAS CURVAS E UM CANTO SEDUTOR, de Daniele Avila Small

OS MAMUTES, de Jô Bilac

INFÂNCIA, TIROS E PLUMAS, de Jô Bilac

NEM MESMO TODO O OCEANO, adaptação de Inez Viana do romance de Alcione Araújo

NÔMADES, de Marcio Abreu e Patrick Pessoa

CARANGUEJO OVERDRIVE, de Pedro Kosovski

BR-TRANS, de Silvero Pereira

KRUM, de Hanoch Levin

MARÉ/PROJETO BRASIL, de Marcio Abreu

AS PALAVRAS E AS COISAS, de Pedro Brício

MATA TEU PAI, de Grace Passô

ÃRRÃ, de Vinicius Calderoni

JANIS, de Diogo Liberano

NÃO NEM NADA, de Vinicius Calderoni

CHORUME, de Vinicius Calderoni

GUANABARA CANIBAL, de Pedro Kosovski

TOM NA FAZENDA, de Michel Marc Bouchard

OS ARQUEÓLOGOS, de Vinicius Calderoni

ESCUTA!, de Francisco Ohana

ROSE, de Cecilia Ripoll

O ENIGMA DO BOM DIA, de Olga Almeida

A ÚLTIMA PEÇA, de Inez Viana

BURAQUINHOS OU O VENTO É INIMIGO DO PICUMÃ, de Jhonny Salaberg

PASSARINHO, de Ana Kutner

INSETOS, de Jô Bilac

A TROPA, de Gustavo Pinheiro

A GARAGEM, de Felipe Haiut

SILÊNCIO.DOC,
de Marcelo Varzea

PRETO, de Grace Passô,
Marcio Abreu e Nadja Naira

MARTA, ROSA E JOÃO,
de Malu Galli

MATO CHEIO, de Carcaça
de Poéticas Negras

YELLOW BASTARD,
de Diogo Liberano

SINFONIA SONHO,
de Diogo Liberano

SÓ PERCEBO QUE ESTOU
CORRENDO QUANDO VEJO QUE
ESTOU CAINDO, de Lane Lopes

SAIA, de Marcéli Torquato

DESCULPE O TRANSTORNO,
de Jonatan Magella

TUKANKÁTON + O TERCEIRO
SINAL, de Otávio Frias Filho

SUELEN NARA IAN,
de Luisa Arraes

SÍSIFO, de Gregorio Duvivier
e Vinicius Calderoni

HOJE NÃO SAIO DAQUI,
de Cia Marginal e Jô Bilac

PARTO PAVILHÃO,
de Jhonny Salaberg

A MULHER ARRASTADA,
de Diones Camargo

CÉREBRO_CORAÇÃO,
de Mariana Lima

O DEBATE, de Guel Arraes
e Jorge Furtado

BICHOS DANÇANTES,
de Alex Neoral

A ÁRVORE, de Silvia Gomez

CÃO GELADO, de Filipe Isensee

PRA ONDE QUER QUE EU VÁ SERÁ
EXÍLIO, de Suzana Velasco

DAS DORES, de Marcos Bassini

VOZES FEMININAS — NÃO EU,
PASSOS, CADÊNCIA,
de Samuel Beckett

PLAY BECKETT — UMA PANTOMIMA
E TRÊS DRAMATÍCULOS (ATO SEM
PALAVRAS II | COMÉDIA/PLAY |
CATÁSTROFE | IMPROVISO DE OHIO),
de Samuel Beckett

MACACOS — MONÓLOGO
EM 9 EPISÓDIOS E 1 ATO,
de Clayton Nascimento

A LISTA, de Gustavo Pinheiro

COLEÇÃO DRAMATURGIA ESPANHOLA

A PAZ PERPÉTUA, de Juan Mayorga | Tradução Aderbal Freire-Filho

ATRA BÍLIS, de Laila Ripoll | Tradução Hugo Rodas

CACHORRO MORTO NA LAVANDERIA: OS FORTES, de Angélica Liddell | Tradução Beatriz Sayad

CLIFF (PRECIPÍCIO), de José Alberto Conejero | Tradução Fernando Yamamoto

DENTRO DA TERRA, de Paco Bezerra | Tradução Roberto Alvim

MÜNCHAUSEN, de Lucía Vilanova | Tradução Pedro Brício

NN12, de Gracia Morales | Tradução Gilberto Gawronski

O PRINCÍPIO DE ARQUIMEDES, de Josep Maria Miró i Coromina Tradução Luís Artur Nunes

OS CORPOS PERDIDOS, de José Manuel Mora | Tradução Cibele Forjaz

APRÈS MOI, LE DÉLUGE (DEPOIS DE MIM, O DILÚVIO), de Lluïsa Cunillé | Tradução Marcio Meirelles

COLEÇÃO DRAMATURGIA FRANCESA

É A VIDA, de Mohamed El Khatib | Tradução Gabriel F.

FIZ BEM?, de Pauline Sales | Tradução Pedro Kosovski

ONDE E QUANDO NÓS MORREMOS, de Riad Gahmi | Tradução Grupo Carmin

PULVERIZADOS, de Alexandra Badea | Tradução Marcio Abreu

EU CARREGUEI MEU PAI SOBRE MEUS OMBROS, de Fabrice Melquiot | Tradução Alexandre Dal Farra

HOMENS QUE CAEM, de Marion Aubert | Tradução Renato Forin Jr.

PUNHOS, de Pauline Peyrade | Tradução Grace Passô

QUEIMADURAS, de Hubert Colas | Tradução Jezebel De Carli

COLEÇÃO DRAMATURGIA HOLANDESA

EU NÃO VOU FAZER MEDEIA, de Magne van den Berg | Tradução Jonathan Andrade

RESSACA DE PALAVRAS, de Frank Siera | Tradução Cris Larin

PLANETA TUDO, de Esther Gerritsen | Tradução Ivam Cabral e Rodolfo García Vázquez

NO CANAL À ESQUERDA, de Alex van Warmerdam | Tradução Giovana Soar

A NAÇÃO — UMA PEÇA EM SEIS EPISÓDIOS, de Eric de Vroedt | Tradução Newton Moreno

2023
———————

1ª impressão

Este livro foi composto em Calluna.
Impresso pela Imos Gráfica,
sobre papel Pólen Bold 70g/m².